Itinéraire Descriptif De l'Espagne.

TROISIÈME ÉDITION;

PAR M. LE C^{TE} AL. DE LABORDE.

Atlas.

PARIS,

IMPRIMERIE DE AMB. FIRMIN DIDOT,

RUE JACOB, N° 24.

1831.

TABLE

DES PLANCHES COMPOSANT L'ATLAS
DE L'ITINÉRAIRE D'ESPAGNE.

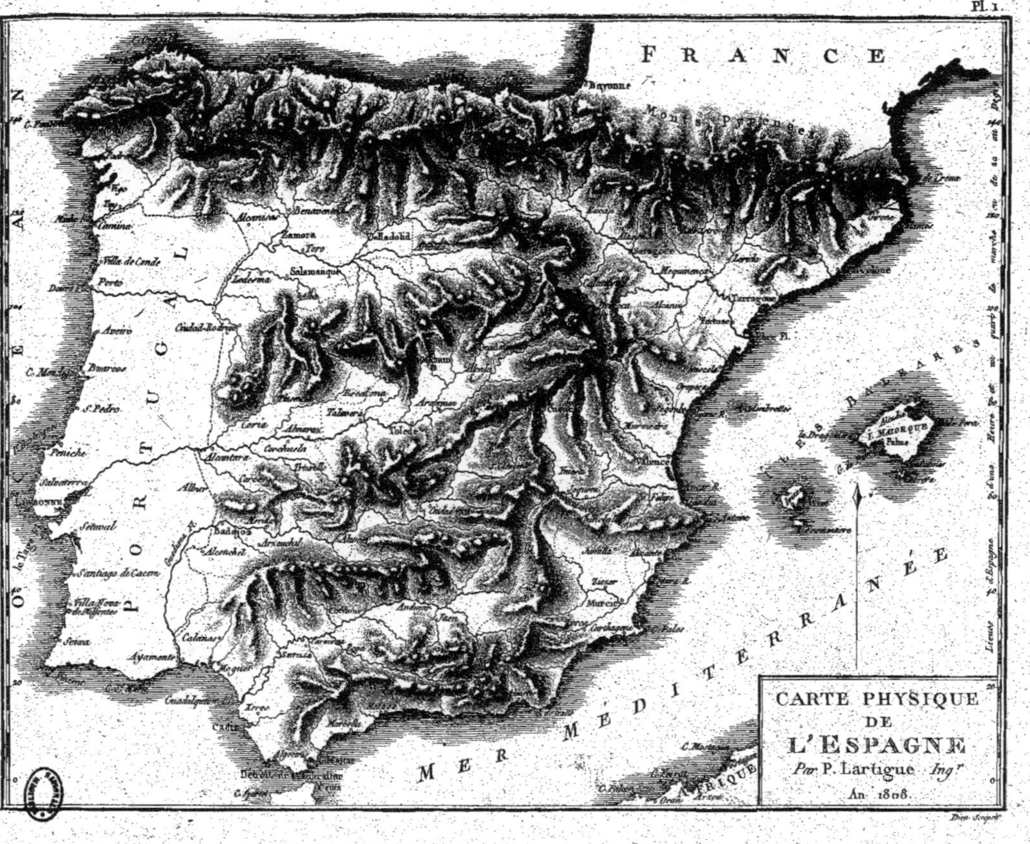

Pl. 1
FRANCE
PORTUGAL
OCÉAN
MER MÉDITERRANÉE
ÎLES BALÉARES
I. MAJORQUE
Palma
Monts Pyrénées
Bayonne
C. Finistère
Benavente
Zamora
Toro
Salamanque
Ledesma
Ciudad-Rodrigo
Coria
Alcantara
Madrid
Aranjuez
Tolède
Talavera
Badajos
Murcie
Alicante
Carthagène
Cadix
Malaga
Gibraltar
Détroit de Gibraltar
Oran
AFRIQUE
CARTE PHYSIQUE
DE
L'ESPAGNE
Par P. Lartigue Ing.r
An 1808.
Dien Sculp.t

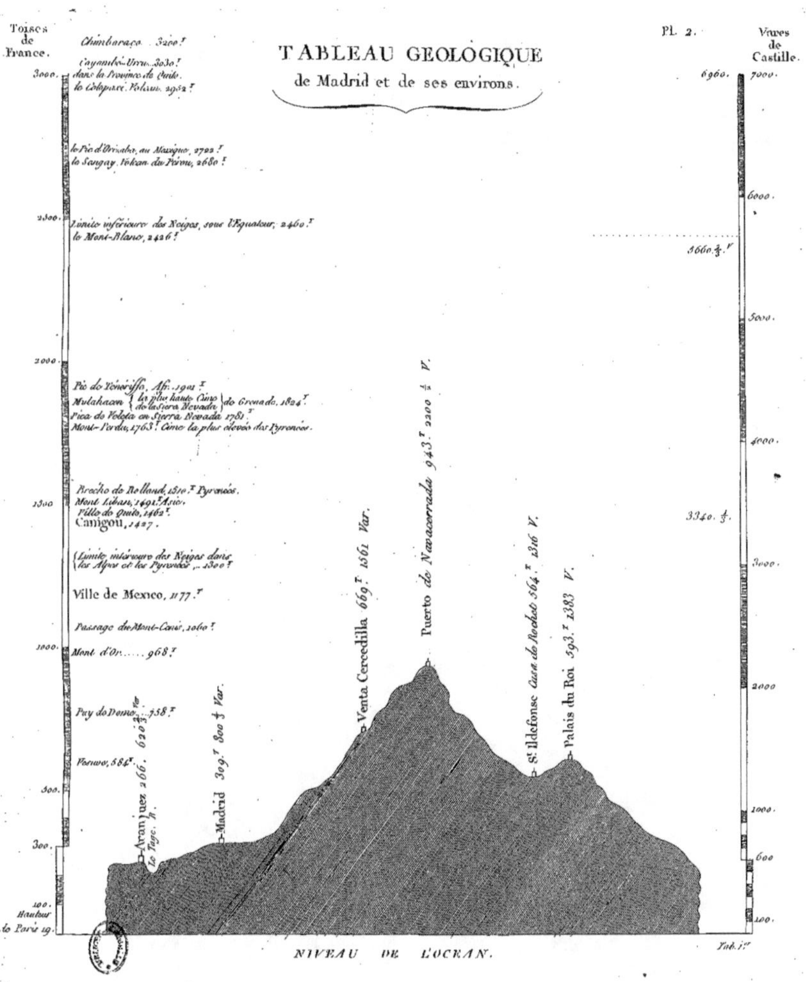

TABLEAU GEOLOGIQUE
de Madrid et de ses environs.
PL. 2.
Toises de France.
Vues de Castille.
Chimboraço. 3200.ᵗ
Cayambé-Urcu. 3030.ᵗ dans la Province de Quito.
le Cotopaxi. Volcan. 2952.ᵗ
le Pic d'Orizaba, au Mexique, 2722.ᵗ
le Sangay. Volcan du Pérou, 2680.ᵗ
Limite inférieure des Neiges, sous l'Equateur, 2460.ᵗ
le Mont-Blanc, 2426.ᵗ
Pic de Ténériffe, Afr. 1901.ᵗ
Mulahacen la plus haute Cime de la sierra Nevada de Grenade, 1824.ᵗ
Pica de Veleta en Sierra Nevada 1781.ᵗ
Mont-Perdu, 1763.ᵗ Cime la plus élevée des Pyrénées.
Brecho de Rolland, 1510.ᵗ Pyrénées.
Mont Liban, 1491.ᵗ Asie.
Ville de Quito, 1462.ᵗ
Canigou, 1427.
Limite inférieure des Neiges dans les Alpes et les Pyrénées, 1300.ᵗ
Ville de Mexico, 1177.ᵗ
Passage du Mont-Cenis, 1060.ᵗ
Mont d'Or...... 968.ᵗ
Puy de Dome.... 758.ᵗ
Vesuve, 584.ᵗ
Aranjuez 266.ᵗ 620.³ᵗ Var.
le Tage. R.
Madrid 309.ᵗ 800.⁴ Var.
Venta Cercedilla 669.ᵗ 1561. Var.
Puerto de Navacerrada 943.ᵗ 2200.⁴ V.
St. Ildefonse Casa de Roches 564.ᵗ 1316. V.
Palais du Roi 593.ᵗ 1383. V.
3000.
2500.
2000.
1500.
1000.
500.
300.
100.
Hauteur de Paris 19.
7000.
6960.
6000.
5660.⅔ V.
5000.
4000.
3340.⅓.
3000.
2000.
1000.
600.
100.
NIVEAU DE L'OCEAN.
Tab. 1ᵉʳ

GÉOLOGIE.

Vue comparative du Plateau des Castilles
avec celui de la Nouvelle Espagne
ou du Mexique.

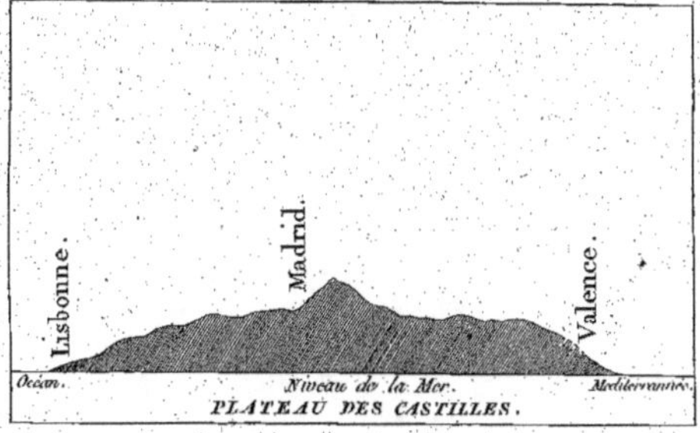

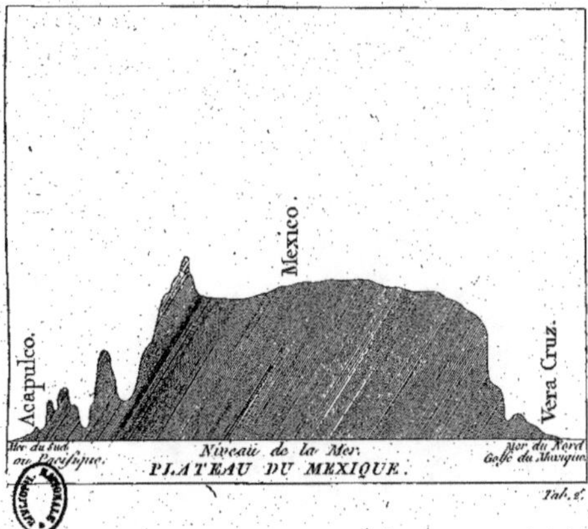

Pl. 4.
FRANCE
AFRIQUE
MER MÉDITERRANÉE
ÎLES BALÉARES
PORTUGAL
ROYAUME d'ESPAGNE
Monts Pyrénées
Perpignan
Bayonne

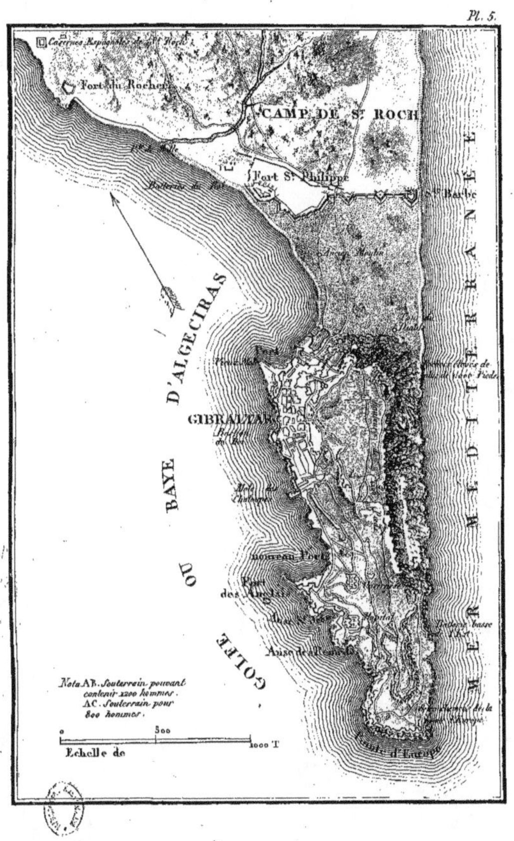

Casernes Espagnoles de St Roch
Fort du Rocher
CAMP DE St ROCH
Batteries du Port
Fort St Philippe
Ste Barbe
MER MÉDITERRANÉE
BAYE D'ALGECIRAS
GOLFE OU
GIBRALTAR
Nouveau Fort
des Anglais
Anse de...
Nota AB. Souterrain pouvant
contenir 1200 hommes.
AC. Souterrain pour
800 hommes.
0   500   1000 T.
Echelle de

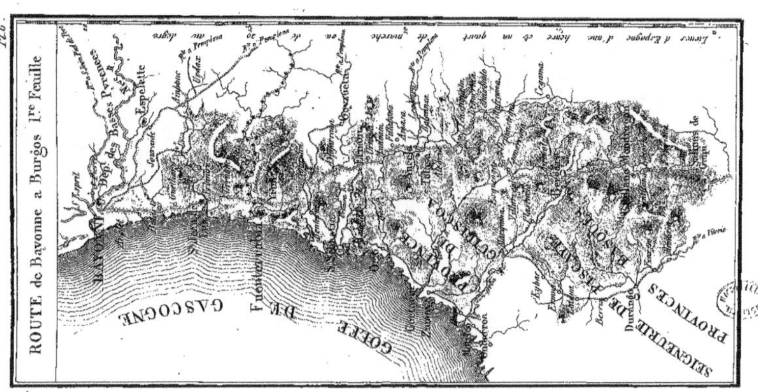

Pl. 6.
ROUTE de Bayonne a Burgos 1re Feuille
GOLFE DE GASCOGNE
Dépt des Basses Pyrénées
Espelette
Bayonne
PROVINCE DE GUIPUSCOA
BISCAYE
SEIGNEURIE DE PISCAYE PROVINCES
Lieues d'Espagne d'une heure et un quart de marche ou de 20 au degré

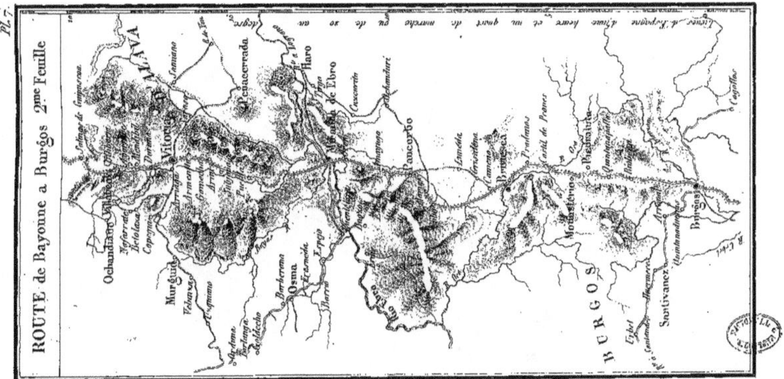

Pl. 7.
ROUTE de Bayonne a Burgos 2me Feuille
ALAVA
Vitoria
Ochandiano
Murguia
Osma
Peñacerrada
Haro
Miranda de Ebro
Pancorbo
Briviesca
Monasterio
Burgos
BURGOS
Lieues d'Espagne d'une heure et un quart de marche ou de 20 au degré

Pl. 3.
ROUTE de Burgos à Buitrago.
BURGOS
Hornillos
R.te à Valencia
Ravé
Villasur
Cogollos
Villangomez
Bujedillo
R. Arlanzon
H. Cogolles
R. Cogolles
Torresandino
Quitres
Torrecilla
PROV.ce
DE BURGOS
Mazariegos
Covarrabias
Puentedura
Puyale
Lerma
R. Matavitjas
Abellanosa
Nebreda
R.te de Valladolid
Quintanilla
Tordueles
Gilleruelo
Bichobas
Oguillas
Gumiel
la Orra
R. Arandilla
Villalba
Doero Fl.
Roa
Aranda de Duero
S. Martin
Covarubia
Fresnillo
Valdecondes
R.te à Osma
Campillo
Fuentespina
Moradilla
R. Nova
Riaza R.
Rio Duraton
DE SÉGOVIE
Caravias R.
Chic
Ayllon
Fresnillo
R. Riera
Barbolla
Bocaguillas
la Cruz
Sepulveda
Duraton
Cerezo
R.te à Segovie
Castilnovo
Aldearaso
Varreruela
Tojadillo
Siguero
PROV.ce DE SÉGOVIE
Casla
Siguernela
la Velilla
Pedriza
Fresuedo
Serra
R. de Segovie
Collado Hermoso
Arcones
la Acena
Nobceo
R.te à Villacastin
Buitrago
licues d'Espagne de 20 au quart de marche, ou de 25 au degré

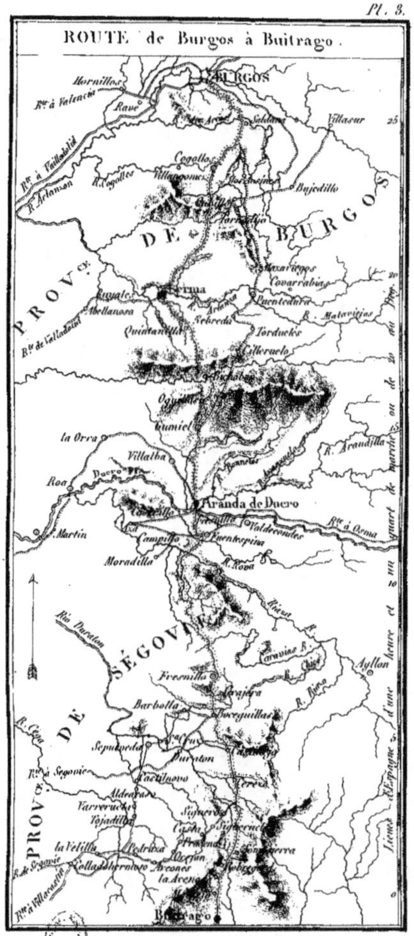

Pl. 9 et 10.
ROUTE de Burgos à Ségovie par Valladolid
Villagonzalo
BURGOS
Villalon
Tamanes
Villa de Buniel
Cogullos
26
Hornillos
Estepas
Calada
Jordomar
Villanueva
Villanesgui
Madrigal
Villodrigo
Palenzuela
Tabal
Torremadre
Torre
Rubia
Villafruela
Astudillo
Artiguedad
Dehesas
Herrera
Villalaco
Quintana
Tortoles
Torquemada
Vallanas
Castrillo
Villacimancio
Castrillo
Magaz
Fuembellida
PALENCIA
Calabazanos
Ventosa
Villamuriel
Triego
Poblacion
Cubillas
Pina
Duenas
Valoria
Villanueva
Olmos
Trigueros
Cabezon
Cigales
Villamanex
VALLADOLID
N. S. del Prado
Arroyo
Simancas
Villamarco
Vega
Tordesillas
la Ribera
Tollos
Rueda
S. Roman
Palacio
Toro
Duero
Castronuevo
Villalba
Quintanilla
Trigueros
Cigales
Burgos
Simancas
VALLADOLID
la Cisternigua
Puente
Tudela
Villavonex
M. Herrera
Penalba
Pedraja
Cardiel
Mojados
Portillo
Valdestillas
Villalba
Mojados
Cojeces
Viloria
Olmedo
Remondo
Aguasal
Cuellar
Bellegullo
Vaca
Navas
Mudrian
la Nava
Nava Almanzano
Zarzuela
Nieoecilla
S. Maria
Domingo
Carbonero
Fuentepelayo
Tabladillo
Escobar
Villobela
Garcillan
Aguilafuente
Cantimpalos
Abades
Espirdo
la Hortilla
SÉGOVIE
Torrecaballeros
Bernuy
Caballeros
Vallado hermoso
Castilejo
PROV.
Lieues R. de d'Espagne
R. a el Escorial
R. a el Escorial

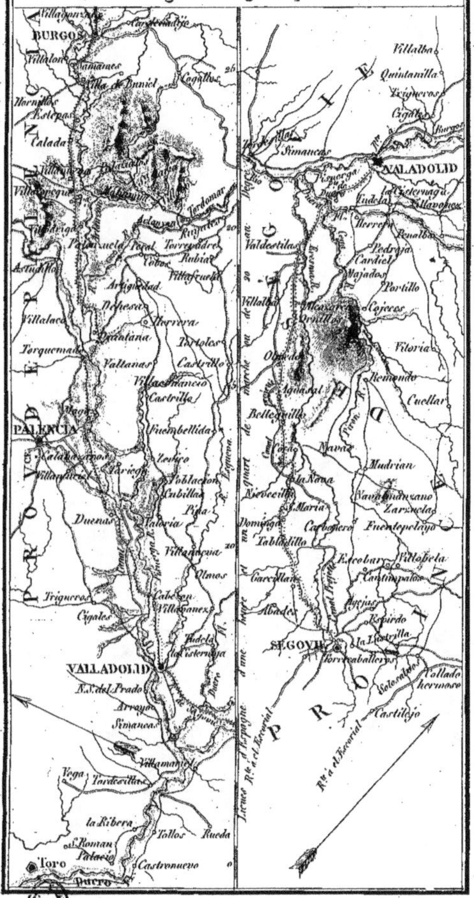

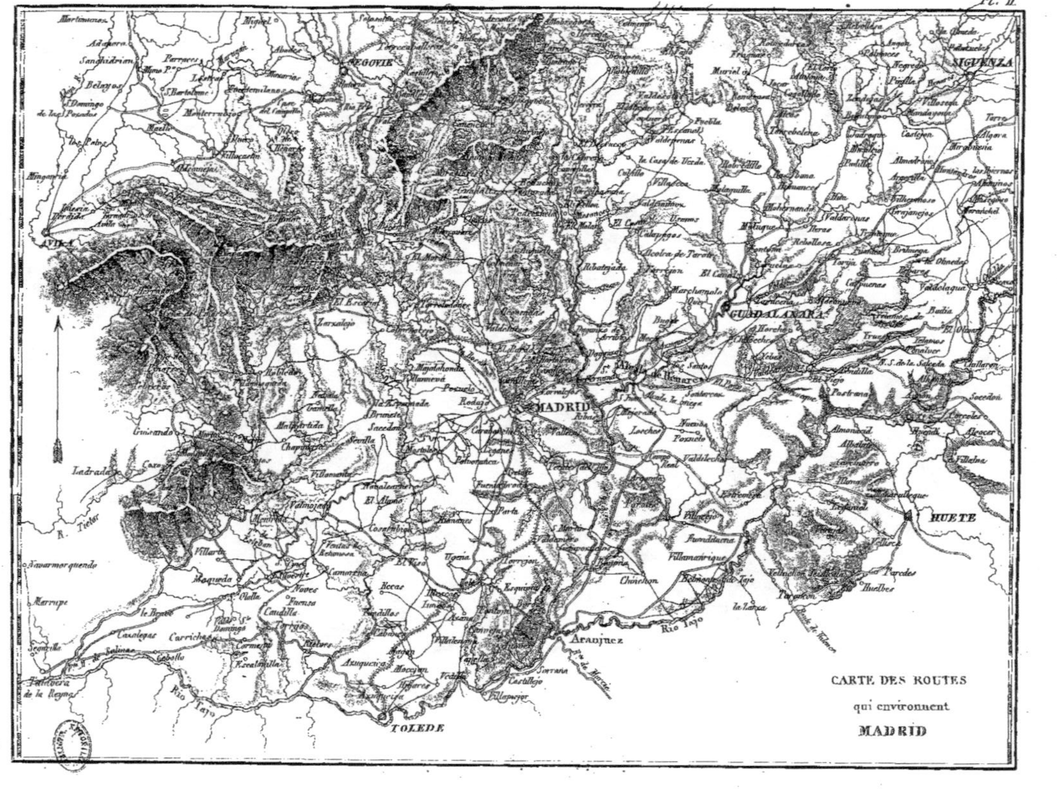

Pl. II
SEGOVIE
SIGUENZA
AVILA
GUADALAXARA
MADRID
HUETE
Aranjuez
Rio Tajo
R. Tietar
Rio Tajo
TOLEDE
CARTE DES ROUTES
qui environnent
MADRID

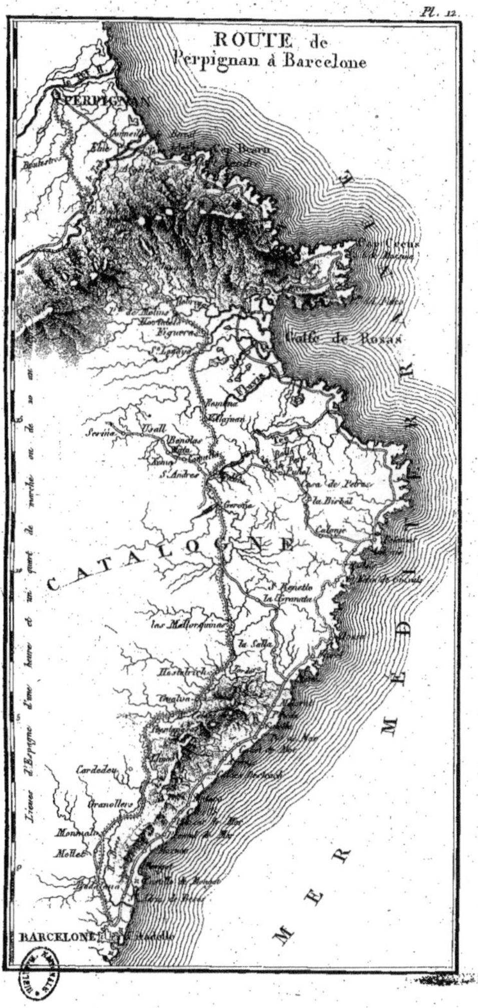

Pl. 12
ROUTE de
Perpignan à Barcelone
PERPIGNAN
Boulastro
Thuir
Elne
Banyuls
Port Vendre
Cap Béarn
Cap de Béarn
Les Molins
Hostalet
Figueras
S. Aigua
Golfe de Rosas
Bagnols
Vilajuiga
Bsall
Seriña
Bañolas
S. Andres
Gerone
Cara de Pedra
la Birbal
Calonge
CATALOGNE
S. Feliu de Guixols
S. Agatta
la Arenada
las Mallorquinas
la Salla
Hostalrich
Tordera
Cardedeu
Granollers
Monmalo
Mollet
BARCELONE
la Matelle
MER MÉDITERRANÉE
Lieues d'Espagne d'une lieue et un quart de marche ou de 20 au °

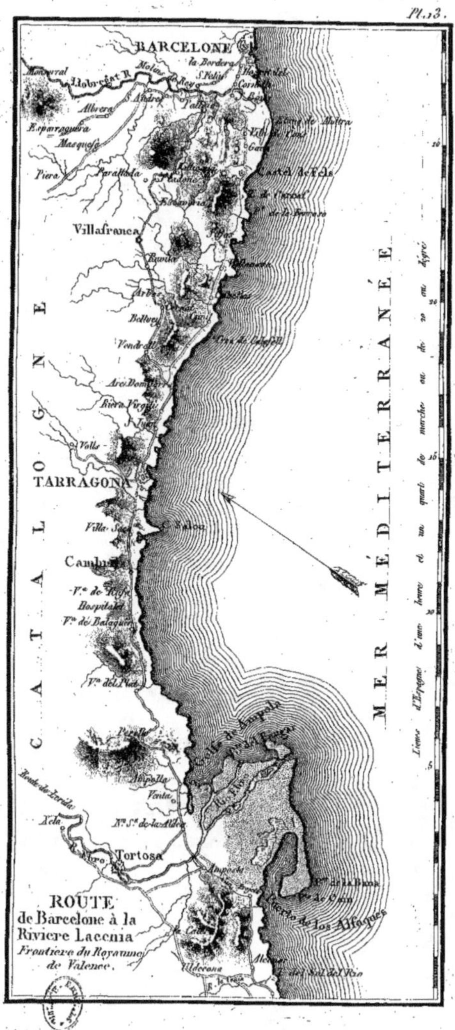

Pl. 13.
BARCELONE
Montserral
Llobregat R.
Molins de Rey
la Bordeta
S. Feliu
Hospitalet
Cornella
Albera
S. Andreu
Gavà
Castel de Fels
Esparraguera
Masquefa
Piera
Parallada
Villafranca
Bunila
Arbos
Bellver
Vendrell
Cruz de Calafell
Arc Domini
Riera Virgil
TARRAGONA
Villa Seca
Cambrils
V.ª de Reus
Hospital
V.ª de Balaguer
V.ª de la Plata
Perelló
Rapolla
Venta
Xela
N.ª S.ª de la Aldea
Ebro
Tortosa
Route de Lerida
Golfe de Ampola
Amposta
Uldecona
MER MÉDITERRANÉE
ROUTE
de Barcelone à la
Riviere Lacenia
Frontiere du Royaume
de Valence.
Lieues d'Espagne d'une heure et un quart de marche ou de 20 au degré

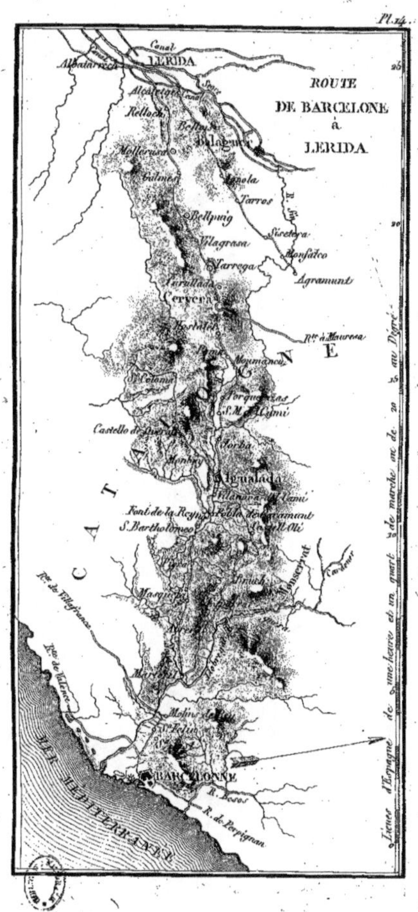
Pl.14.
ROUTE
DE BARCELONE
à
LERIDA
LERIDA
Albatarrech
Canal
Alcolletge
Relloch
Bellvis
Balaguer
Mollerusa
Gilmes
Anola
Tarres
Bellpuig
Vilagrasa
Tarrega
Tarullada
Cervera
Hostalet
Sisetara
Monfalco
Agramunt
Rte à Manresa
Biosanancu
N E
Torquellas
S.M. Hymi
Castello de Arrech
Torba
Manou
Agualada
Villanova del Cami
Font de la Reyna
Peilla de Claramunt
S.Bartholomeo
d'Oli
Monserrat
Castelur
Brush
Masquesa
Martorell
Rie de Villafranca
Rte de Valence
Molins de
S.Felin
BARCELONNE
MER MEDITERRANÉE
R. Besos
Rte de Perpignan
Lieues d'Espagne de 5 au degré
Lienes d'Espagne de cinq heures et un quart ½ de marche ou de 20 25 au Degré

Pl. 16.
ROUTE de Lerida à Zaragoza.
Sᵗᵉ Fe
Lamberto
ZARAGOZA
Torrecilla
Villanueva
Castugon
Villamayor
El Burgo
Laperdiguera
Medinna
Alfajarin
Licenena
Fuentes
Villafranca
Alcubierre
la Torre Monnesa
Agnela
Azeila
Pinas
Quinto
Polinino
Romana
la Zaida
Rio Ebro Fl.
Vᵃ ᵈᵉ Sᵗᵃ Lucia
Sastago
ROYAUME D'ARAGON
Escatron
Nᵗʳᵉ S. de Rueda
Vollavic
Bujaralez
Lastanosa
el Tormillo
Penalva
Caspe
Candasnos
Alcolea
Vᵃ de la Magdalena
Chalamera
Zecilla
Rio Ebro
Ballobar
Ripol
Cinca
Velilla de Cinca
Valcarca
Camarinos
Pujpur
Rasales
S. Salvador
Miraol
Mequinenza
Fraga
Almasella
Nᵗʳᵉ S. Escarto
Alcarras
la Segre
Aguayre
CATALOGNE
LERIDA
Lieues d'Espagne d'une heure et un quart de marche au de 20 au degré

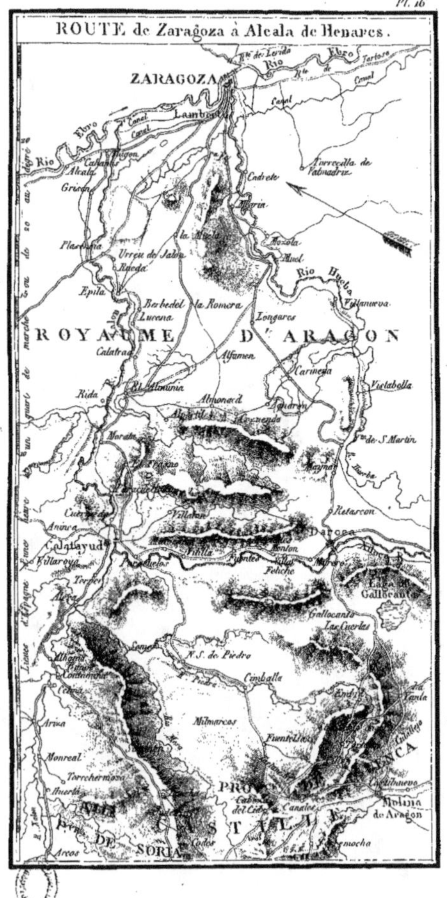

ROUTE de Zaragoza à Alcala de Henares.
ZARAGOZA
ROYAUME D'ARAGON

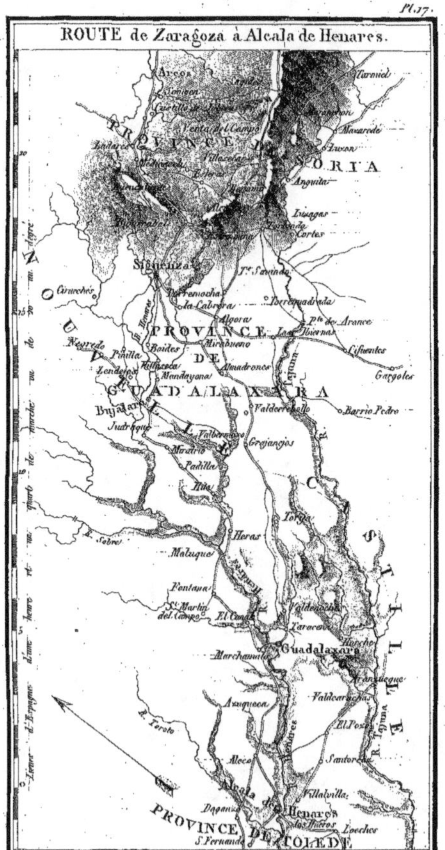

Pl. 17.
ROUTE de Zaragoza à Alcala de Henares.
Arcos
Turmiel
Somaen
Castillo de
Venta del Campo
Navarede
Iruecha
Ivson
Badares
PROVINCE DE SORIA
Medinaceli
Villaseca
Anguita
Esteras
Lisagas
Torralva
Cortes
Cirueches
Siguenza
Jr. Saando
Torremocha
la Cabrera
Torrequadrada
Algora
Pte. de Arance
Negredo
PROVINCE Las Hiernas
Boides
Mirabueno
Cifuentes
Pinilla
DE
Zendejas
Hitlasega
Almadrones
Gargoles
Mandayona
GUADALAXARA
Bujalaro
Valderebollo
Barrio Pedro
Jadrhque
Valbermoso
Muriario
Gvejangos
Padilla
Hita
C
Torija
Heras
Maluque
Fontana
Valdenoches
St. Martin
Taracena
del Campo
El Casal
Horche
Marchamalo
Guadalaxara
Aranzueque
Azuqueca
Valdearacha
R. Tereto
El Posto
Aleco
Santorcar
Alcala de
Villalvilla
Daganzo
Henares
Loeches
S. Fernando
los Hueros
PROVINCE DE TOLEDE

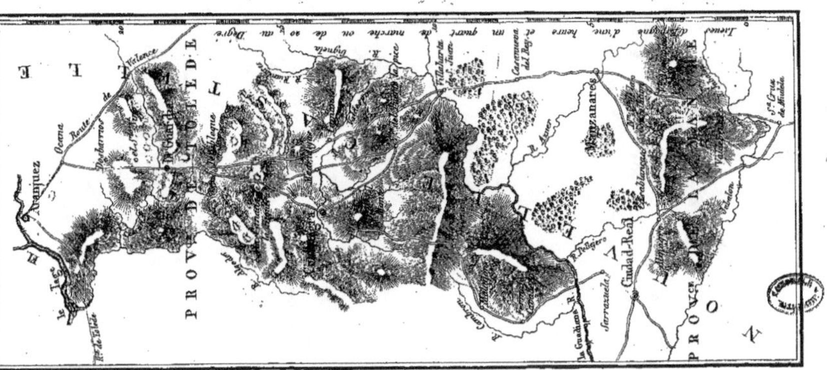

ROUTE d'Aranjuez à Jaen. 1ᵉ Feuille.
PROVCE DE TOLEDE
Aranjuez
Ocaña
Valence
La Guardia
Villaharta
Manzanares
Ciudad-Real
Sta Cruz de Mudela
Lieues d'une heure et un quart de marche ou de 20 au Degré

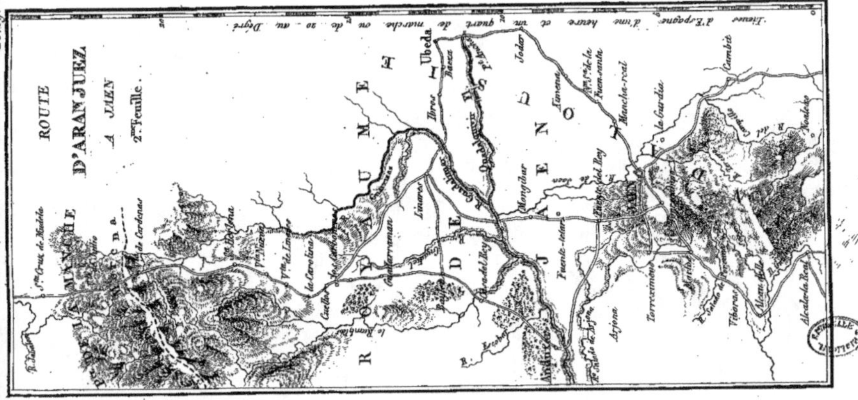

ROUTE
D'ARANJUEZ
A JAEN
2ᵐᵉ Feuille.
LA MANCHE
ROYAUME DE JAEN
Ubeda
Baeza
Jodar
la Guardia
Mancha-real
Fuente-tetar
La Carolina
Lieues d'Espagne d'une heure et un quart de marche ou de 20 au Degré

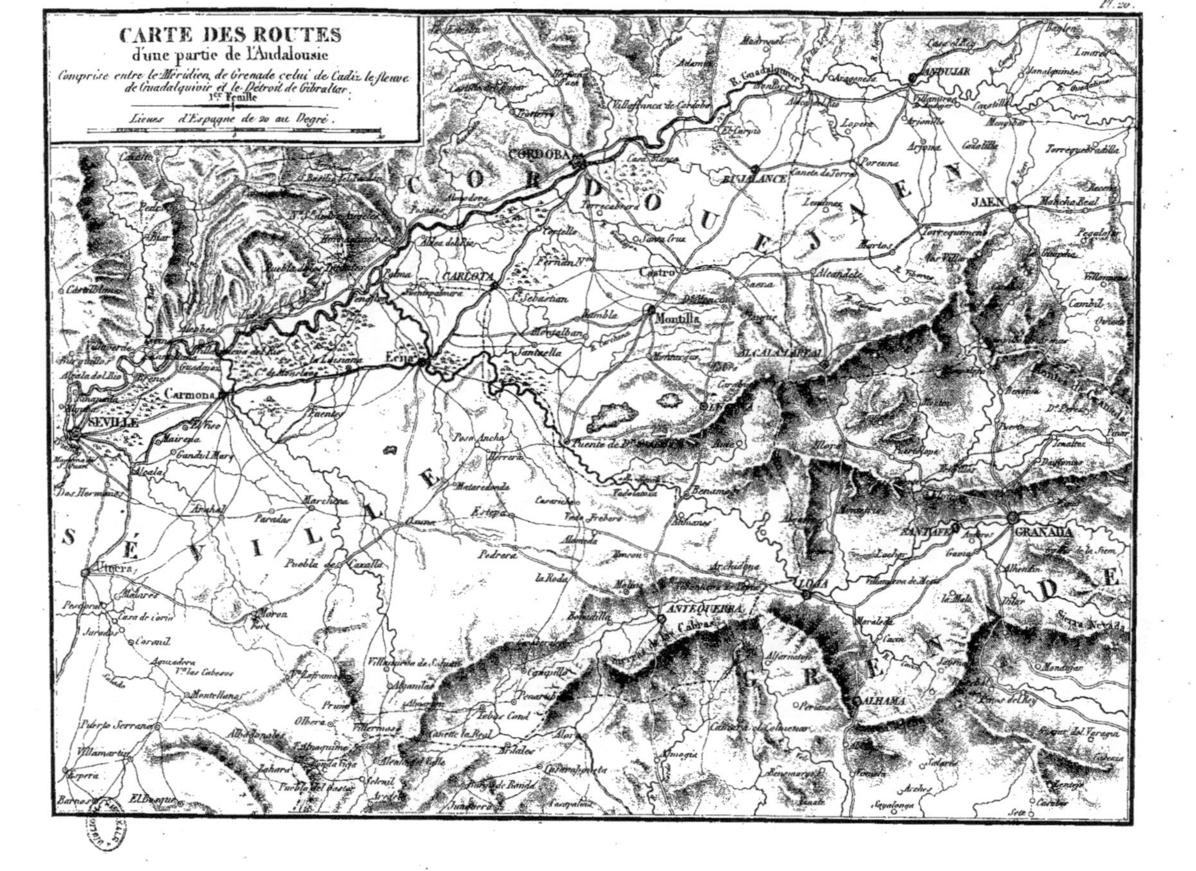

Pl. 20.
CARTE DES ROUTES
d'une partie de L'Andalousie
Comprise entre le Méridien de Grenade celui de Cadix le fleuve
de Guadalquivir et le Détroit de Gibraltar.
1er Feuille
Lieues d'Espagne de 20 au Degré.

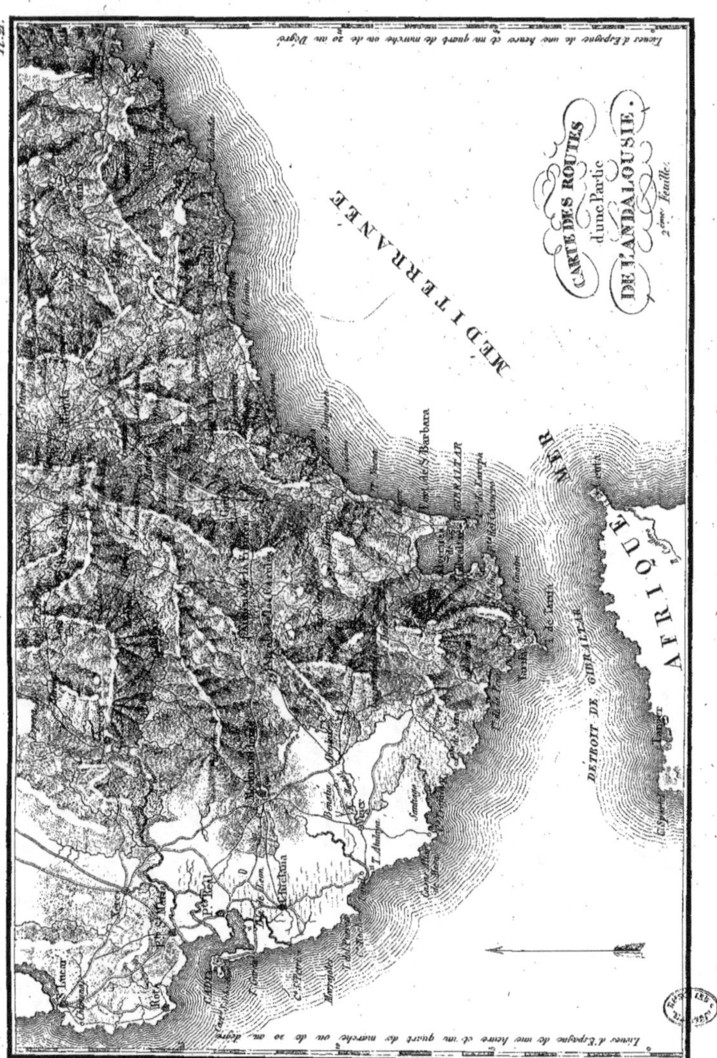

CARTE DES ROUTES
d'une Partie
DE L'ANDALOUSIE.
2.me Feuille.
MÉDITERRANÉE
MER
AFRIQUE
DÉTROIT DE GIBRALTAR
Lieues d'Espagne de une lieue et un quart de marche ou de 20 au Degré

Pl. 22
ROUTE de Badajos à Seville 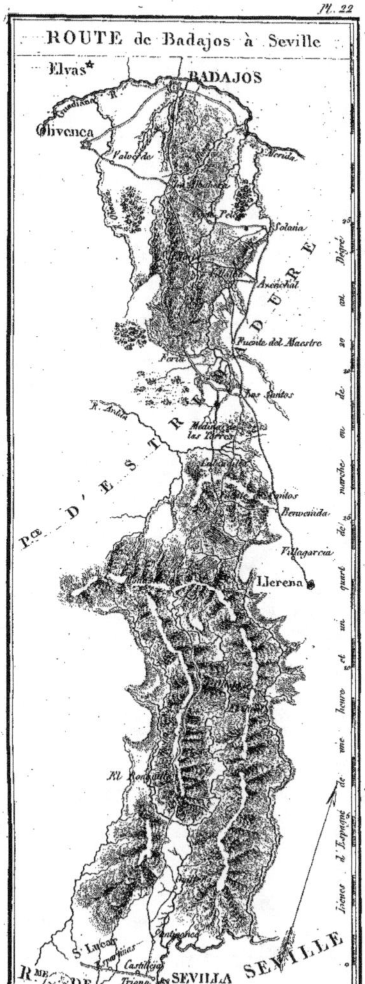
Elvas
BADAJOS
Guadiana R.
Olivenca
Valverde
Merida
Solana
Axenchal
Fuente del Maestre
Feria
R. Ardila
Los Santos
Medina de las Torres
Pce D'ESTRE...DURE
Fuente de los Cantos
Benvenida
Villagarcia
Llerena
El Ronquillo
S. Lucar
Castilleja
Triana
SEVILLA
Rme DE SEVILLE
lieues d'Espagne de une heure et un quart de marche ou de

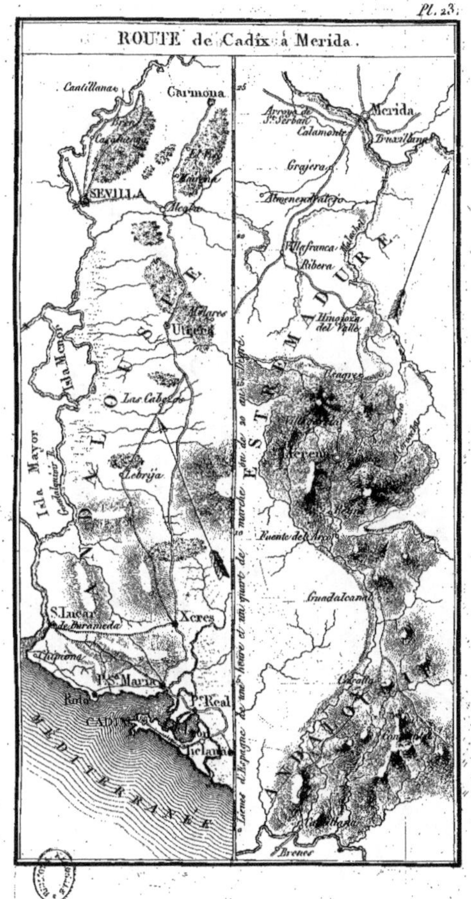

Pl. 23
ROUTE de Cadix à Merida.
Cantillana
Carmona
Arroyo de S: Servan
Merida
Calamonte
Truxillano
Grajera
Almendralejo
SEVILLA
Alcala
Villafranca
Ribera
Hinojosa del Valle
Isla Menor
Utrera
Llerena
Las Cabezas
Isla Mayor
Lebrija
Reyna
Fuente del Arco
Guadalcanal
Xeres
S. Lucar de Barrameda
Chipiona
P:ta Maria
Rota
P.l Real
CADIX
Cazalla
MEDITERRANEE
Brenes
ESTRAMADURE
ANDALOUSIE

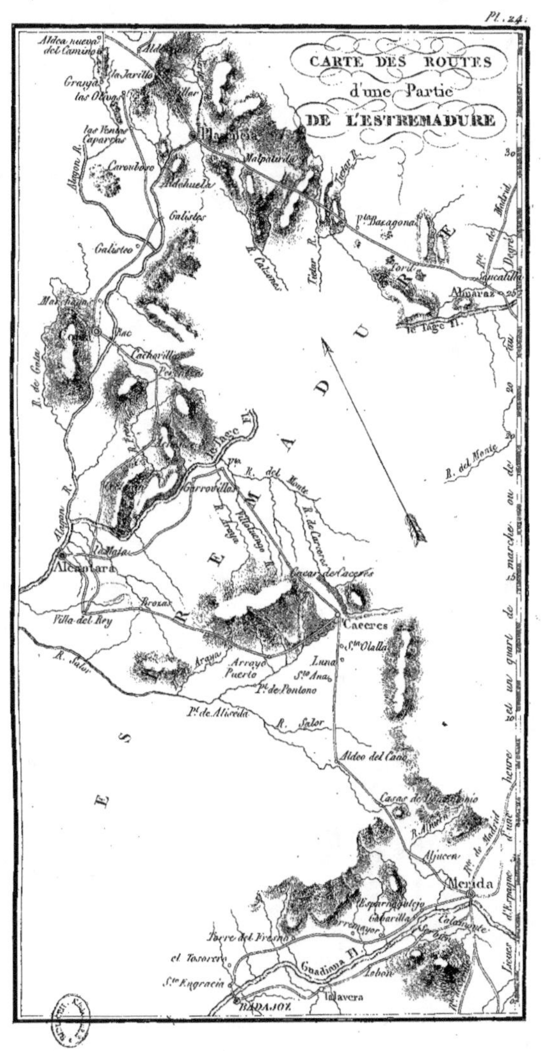
CARTE DES ROUTES
d'une Partie
DE L'ESTREMADURE
Aldea nueva del Camino
Aldea
la Jarilla
Granja
las Olivas
Villar
las Ventas
Caparchas
Carcaboso
Plasencia
Malpartida
Aldehuela
Galisteo
Galisteo
Marchagat
Coria
Riac
Cachavilla
Porvien
ESTREMADURE
Alagon R.
R. de Codes
Garrovillas
R. del Monte
R. de Carceres
Casas de Caceres
La Mata
Alcantara
Brozas
Villa del Rey
R. Salor
Arroyo
Puerto
Sta Ana
Pt de Pontono
Pt de Aliseda
Caceres
Sta Olalla
Luna
R. Salor
Aldea del Cano
Casas del Don Antonio
R. Alixera
Aljucen
Merida
Esparragalejo
Cabarilla
Arroyamayor
Torre del Fresno
el Tosorero
Guadiana Fl.
Talavera
Sta Engracia
BADAJOZ
Ptte Basagona
Ford
Saucadilla
Almaraz
le Tage Fl.
Tagus R.
R. del Monte
por de Madrid
Pte del Madrid
30
25
20

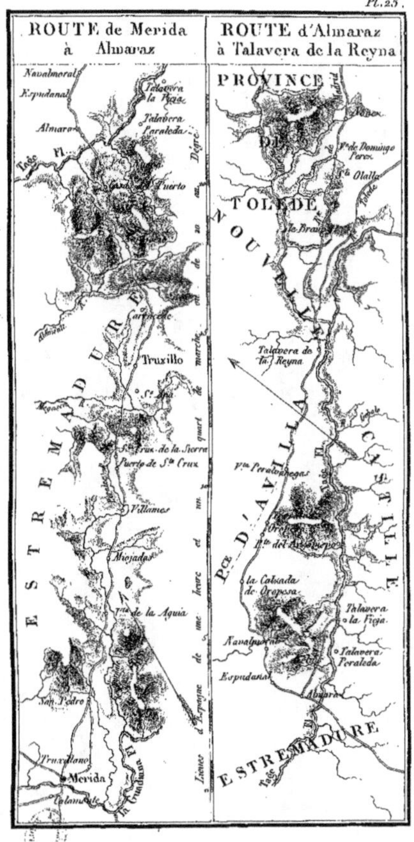
ROUTE de Merida à Almaraz
ROUTE d'Almaraz à Talavera de la Reyna
Navalmoral
Espudanal
Almaraz
Talavera la Vieja
Talavera
Peraleda
Casas del Puerto
Almaral
Jaraicejo
Truxillo
Sta Ana
Sta Cruz de la Sierra
Puerto de Sta Cruz
Villames
Miajadas
Pta de la Aguia
San Pedro
Truxillano
Merida
Calamonte
Rio Guadiana
ESTREMADURE
Tage Rio
Digne au 10 degré au meridien de Paris quart de une lieue et un
Ligne d'Espagne de une lieue et un quart de
PROVINCE DE TOLEDE
NOUVELLE CASTILLE
Madrid
Lillo
Vta de Domingo Perez
Sta Olalla
la Bravo
Talavera de la Reyna
Pza D'AVILLA
Vta Peralonegas
Cebolla
Oropesa
Pta del Arzobispo
la Calsada de Oropesa
Talavera la Vieja
Navalpino
Talavera Peraleda
Espudanal
Almaraz
Tage Rio
ESTREMADURE

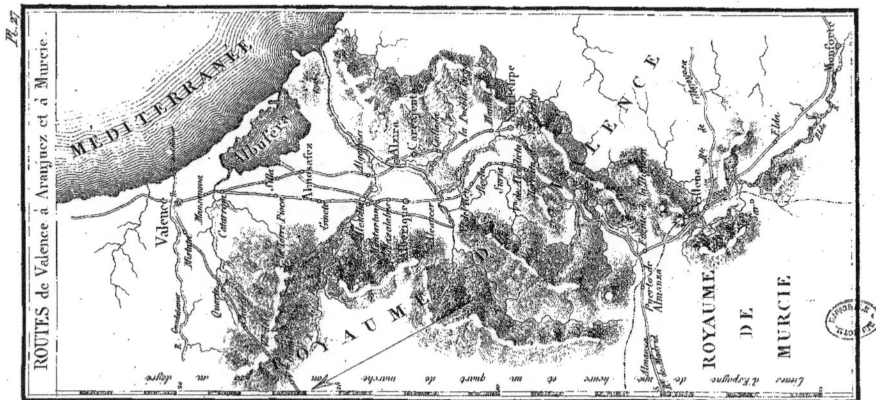
Pl. 27
ROUTES de Valence à Aranjuez et à Murcie.
MÉDITERRANÉE
ROYAUME DE VALENCE
ROYAUME DE MURCIE
Valence
Puerto de Almanza
Lieues d'Espagne

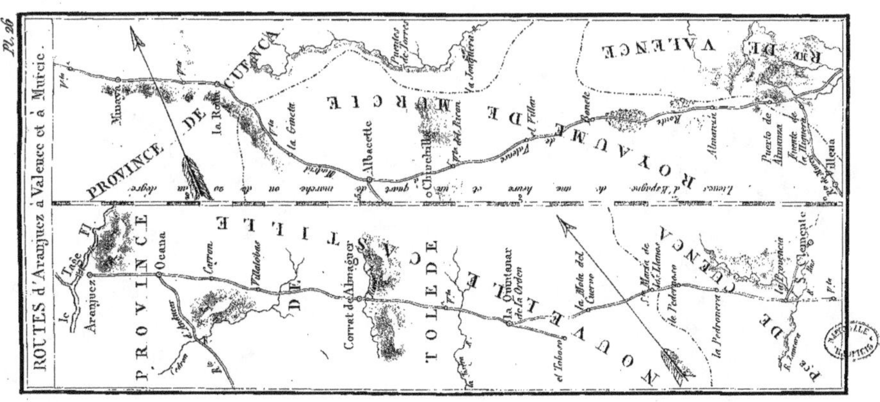
Pl. 26
ROUTES d'Aranjuez à Valence et à Murcie.
PROVINCE DE CUENCA
ROYAUME DE MURCIE
R.me DE VALENCE
Minaya
la Roda
la Gineta
Albacette
Churchilla
Puerto de Almanza
Villena
PROVINCE DE TOLEDE
NOUVELLE CASTILLE
Pce DE CUENCA
Aranjuez
Tage
Ocana
Villatobar
Corral de Almagro
la Quintanar de la Orden
el Tobora
Lieues d'Espagne

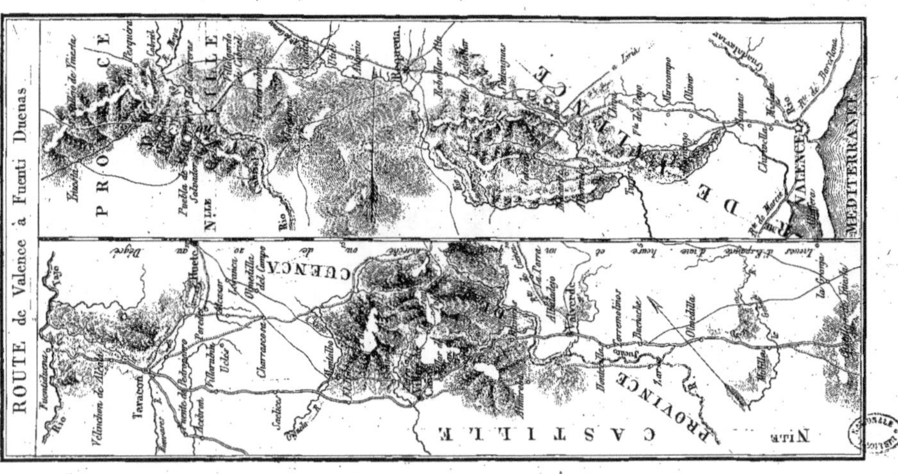

Pl. 28
ROUTE de Valence à Fuenti Duenas
PROVINCE
DE VALENCE
MEDITERRANÉE
CASTILLE
PROVINCE
CUENCA

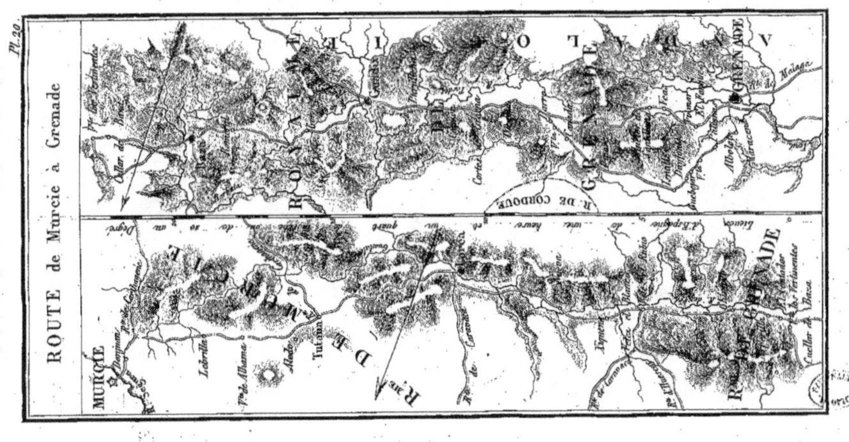

Pl. 29
ROUTE de Murcie à Grenade
MURCIE
GRENADE
R. DE CORDOUE

ROUTE de Valence aux *Frontières* de la Catalogue.

CATALOGNE

MER MÉDITERRANÉE

Rme D'ARAGON

ROYAUME DE VALENCE

R. Cenia
R. Servol
Trayguera
S. Jana
Sta Mateo
Salsadella
Alcala de Chivert
Venta
Cuevas
Arco Romano Cabanes
Adzaneta
Villahermosa
Zugayna
Aranuel
Castellon
Almazora
Villareal
Bechi
Artana
Villavieja
Nules
Chilches
Lalloza
Almenara
Murviedro
la Taquesa
Carracas
Caudiel
Toras
Bexir
Andilla
Ampuente
la Puebla
Alcublas
Villa
Chelva
Tuejar
Benageber
Pedraba
Liria
Benaguacil
Villamarchante
Rio Guadalaviar
VALENCE

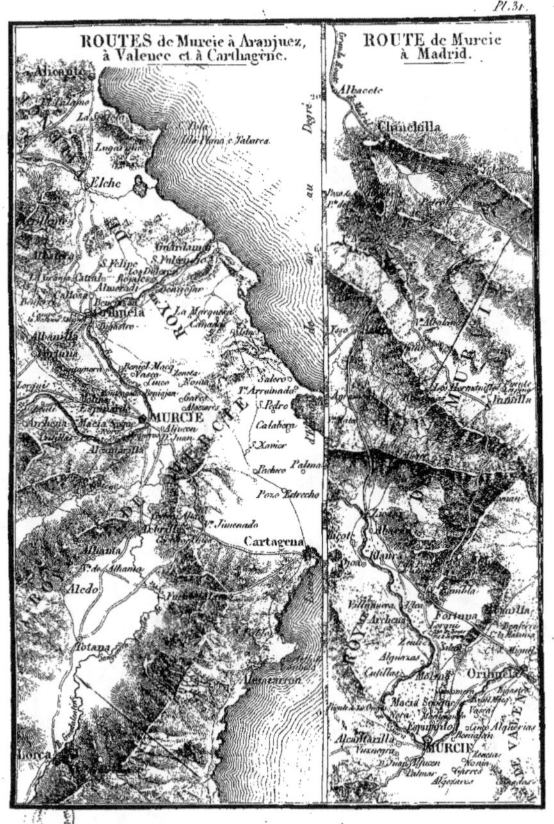
ROUTES de Murcie à Aranjuez, à Valence et à Carthagène.
ROUTE de Murcie à Madrid.
Alicante
Elche
Guardamar
S. Felipe
Orihuela
Albatera
MURCIE
l'Arruinado
S. Pedro
Calaboco
Xavier
Pozo Estrecho
Cartagena
Albama
Aledo
Totana
Lorca
Albacete
Chinchilla
MURCIE
Fortuna
Archena
Alguazas
Cutillas
Orihuela
Alcantarilla
MURCIE
ROYAUME DE VALENCE

ROUTE d'Oviedo à Léon
ROUTE de Léon a Palencia
Avilés
Tudon
Agrexada
S. Blas
Prendes
Roces
Claves
Peoçio
R. Nora
Santullano
Villa
Fajonce
Colgach
Oviedo
Ferreres
Navés
Pellago
Baina
Aguilar
Mieres
Uyo
Latrelló
Villaiana
El Campo de Cabu.
Campomanes
Caborin
Romia
Pajares
S.ᵗᵃ Maria
Puerto de Pajares
Burlonga
Legalinosa
Camplongo
Villa Nueva del Camino
Golpejar
Villamanin
Villa-Simpliz
La Zneia
la Gla
Villa
Peredilla
V.ᵗᵃ de Alba
Alcedo
la Robla
Carontes
Cabanillas
ASTURIES
au Negre
R.ᵐᵉ DE LÉON
Lieues d'Espagne de une heure et un quart de marche en de ſo.
LÉON
Carvajal
Andres Torio
Trobaig
LÉON
R. Torio
LÉON
R. Torio
Puente de Castro
Alcabueja
Villaceló
Marne
Villarent
Mansilla Mayor
R. Este
Mansilla de las Mulas
El Burgo
Arzadilla
Bercianos
Calsada
Rio
Sahagun
Grajal
Villelos
Villada
Cisneros
Abastas
Riberos
Villa Toquila
Villanueva
Villalumbros
Carrion
Canal de Compos
Torres
Paredes
Villelda
Villanueva
Frechevic
Carrion
PROV.ᶜᵉ DE PALENCIA
S. Cebrian
Castilla
Griota
Amusco
Monzon
Villa Fuentes
Palencia
Villoloban

Pl. 34

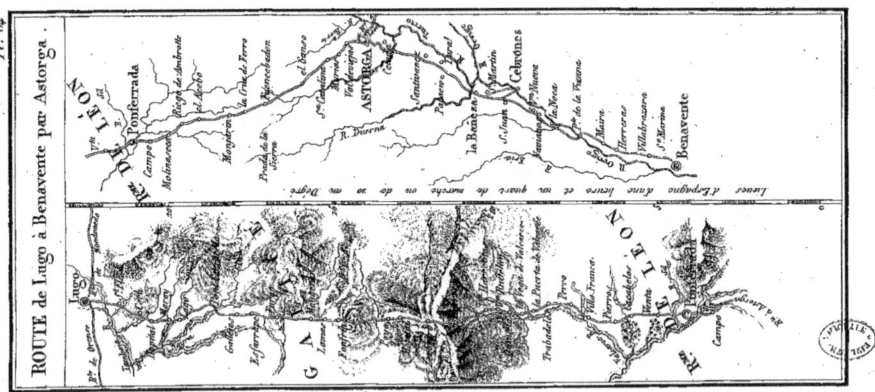
ROUTE de Lugo à Benavente par Astorga.
R.me DE LÉON
R.me D'OVIEDO
GALICE
Ponferrada
ASTORGA
Benavente
Cebrônes
la Bañeza
Lieues d'Espagne d'une heure et un quart de marche ou de 20 au Degré.

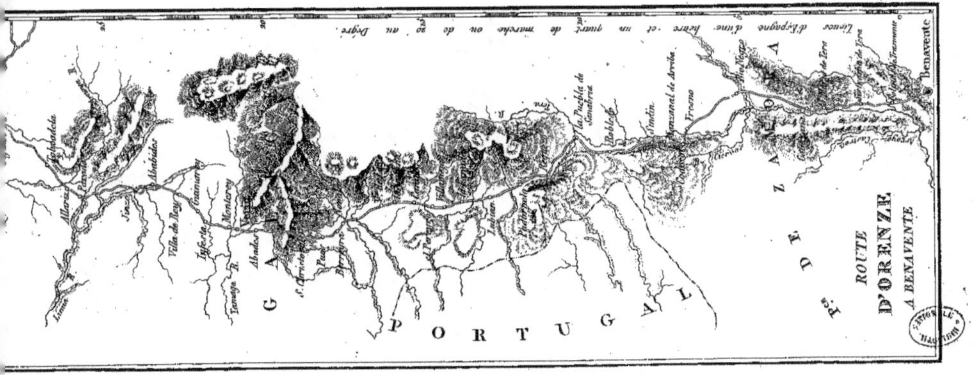
P.ie ROUTE D'ORENZE A BENAVENTE.
GALICE
PORTUGAL
P.ie DE ZAMORA
Benavente
Lieues d'Espagne d'une heure et un quart de marche ou de 20 au Degré.

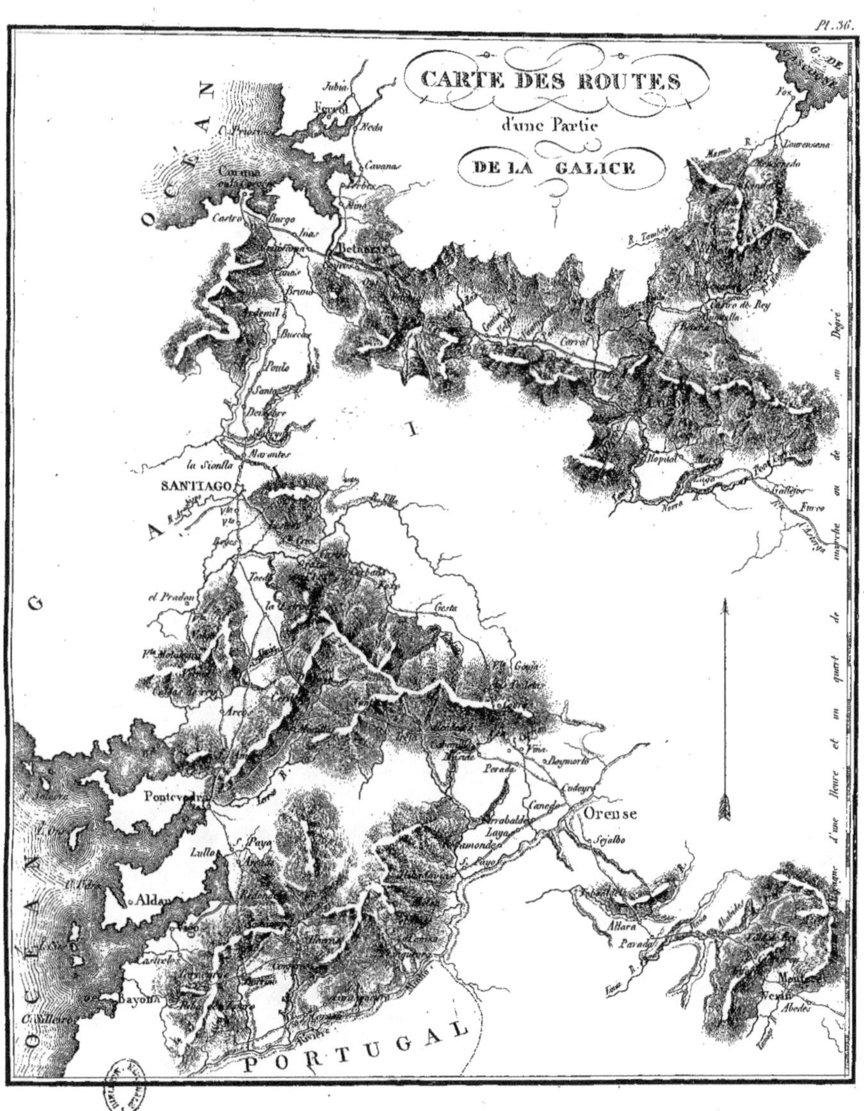
CARTE DES ROUTES
d'une Partie
DE LA GALICE
OCÉAN
G. DE GASCOGNE
Jubia
Ferrol
Neda
Cavana
C. Prior
Coruña ou la Corogne
Castro
Burgo
Inas
Betanzos
Fox
Lourensana
Mondonedo
R. Tomboso
Castro de Rey
Rabadilla
Carval
Hospital
Pont
Gallego
Nerra
Furco
Maximtes
la Sionlla
SANTIAGO
R. Ulla
G
A
L
I
C
E
el Pradon
Gesta
Arco
Perada
Reymorio
Cudeyro
Canedo
Orense
Arrabaldes
Laya
Sejalbo
Pontevedra
Lullo
S. Payo
Aldan
Allara
Parada
Lima R.
Bayona
C. Sillero
PORTUGAL
Degré
d'une heure et un quart de
marche ou de

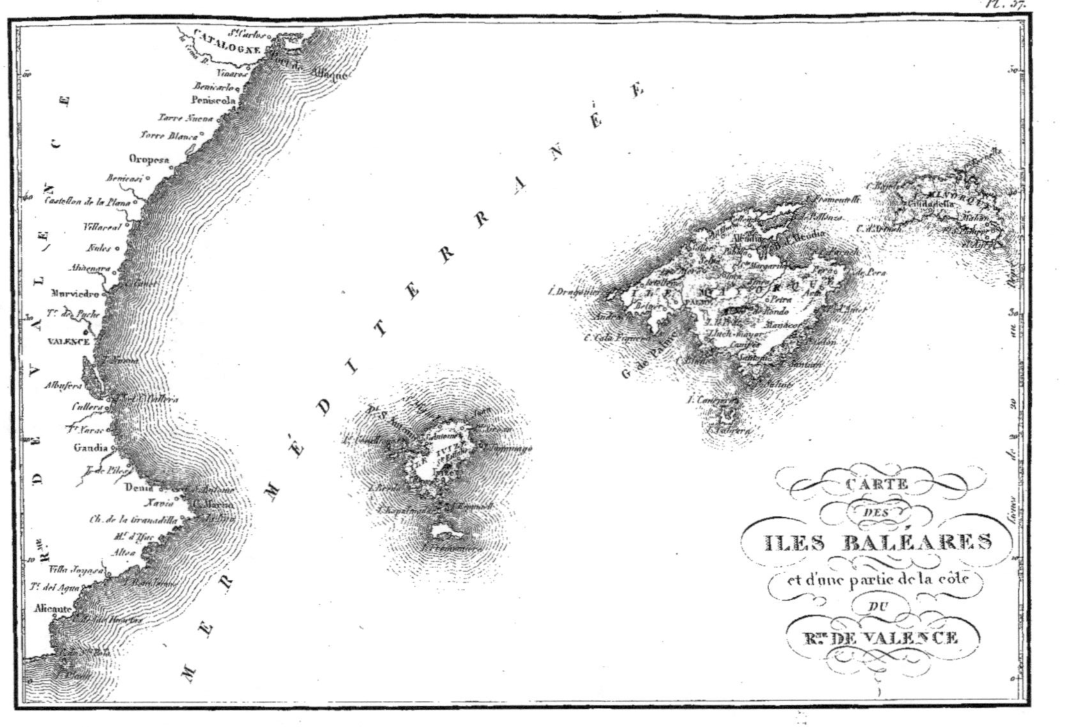

Pl. 37.
CARTE
DES
ILES BALÉARES
et d'une partie de la côte
DU
R.me DE VALENCE
MER MÉDITERRANÉE
CATALOGNE
S.t Carlos
Vinaros
Benicarlo
Peniscola
Torre Nueva
Torre Blanca
Oropesa
Benicasi
Castellon de la Plana
Villareal
Nules
Almenara
Murviedro
T.re de Puche
VALENCE
Albufera
Cullera
T. Narac
Gandia
T. de Piles
Denia
Xavia
Ch. de la Granadilla
M.t d'Ifac
Altea
Villa Joyosa
T. del Agua
Alicante
DE VALENCE
MAJORQUE
MINORQUE
Citadella
Mahon
I. Cabrera
I. Dragonera
I. Conejera
Formentera

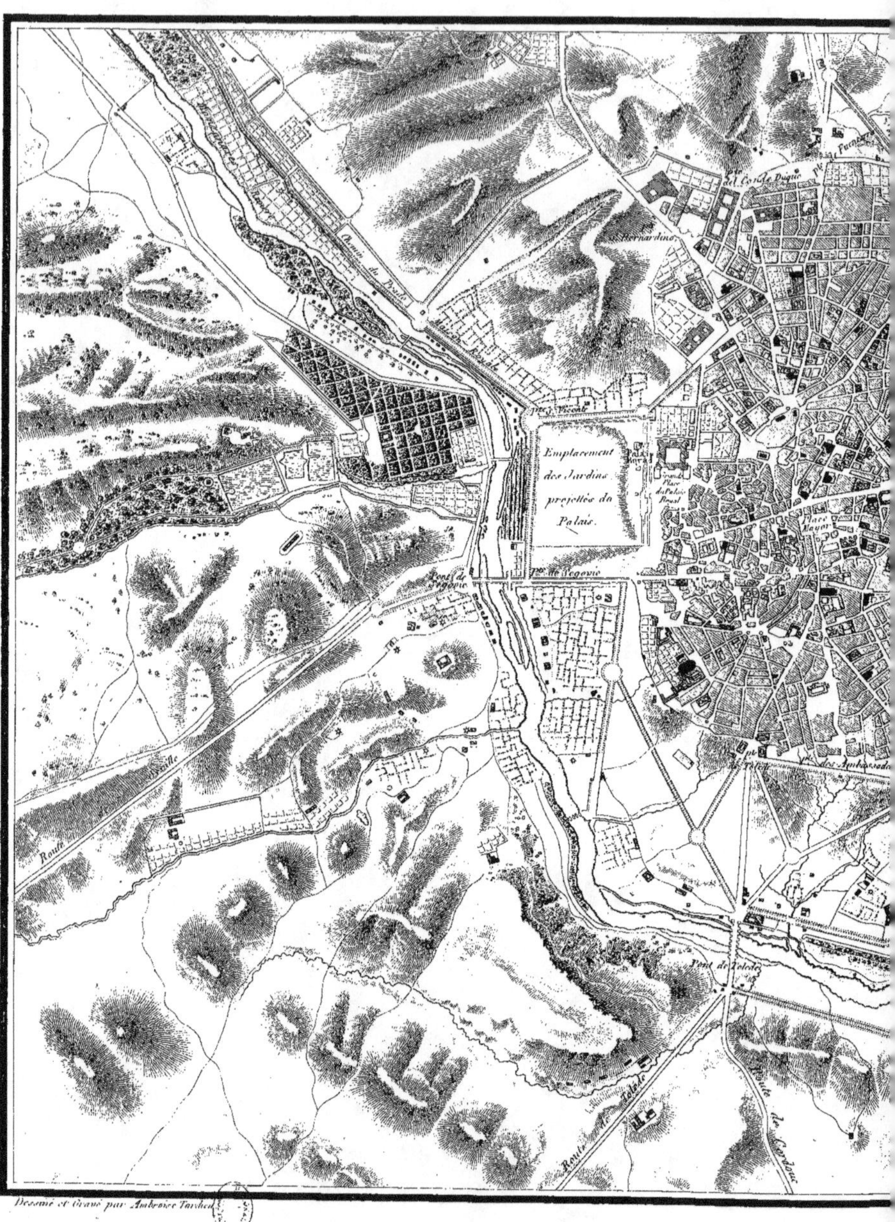

PLANO de MADRID

PLAN de MADRID et de ses ENVIRONS.

sus CIRCANIAS.

PLAN of the TOWN of MADRID.

PLANO GENERAL de GRANADA.
PLAN GÉNÉRAL de GRENADE.
A GENERAL PLAN of GRANADA.
ALBAIZIN
Dalman del.
60 100 200 300 400 500 600 Varras

d
e
Generalife
ALHAMBRA
m
P
ANTEQUERULA
GENIL
DARRO
o
u
k
t
Jeraine sculp.

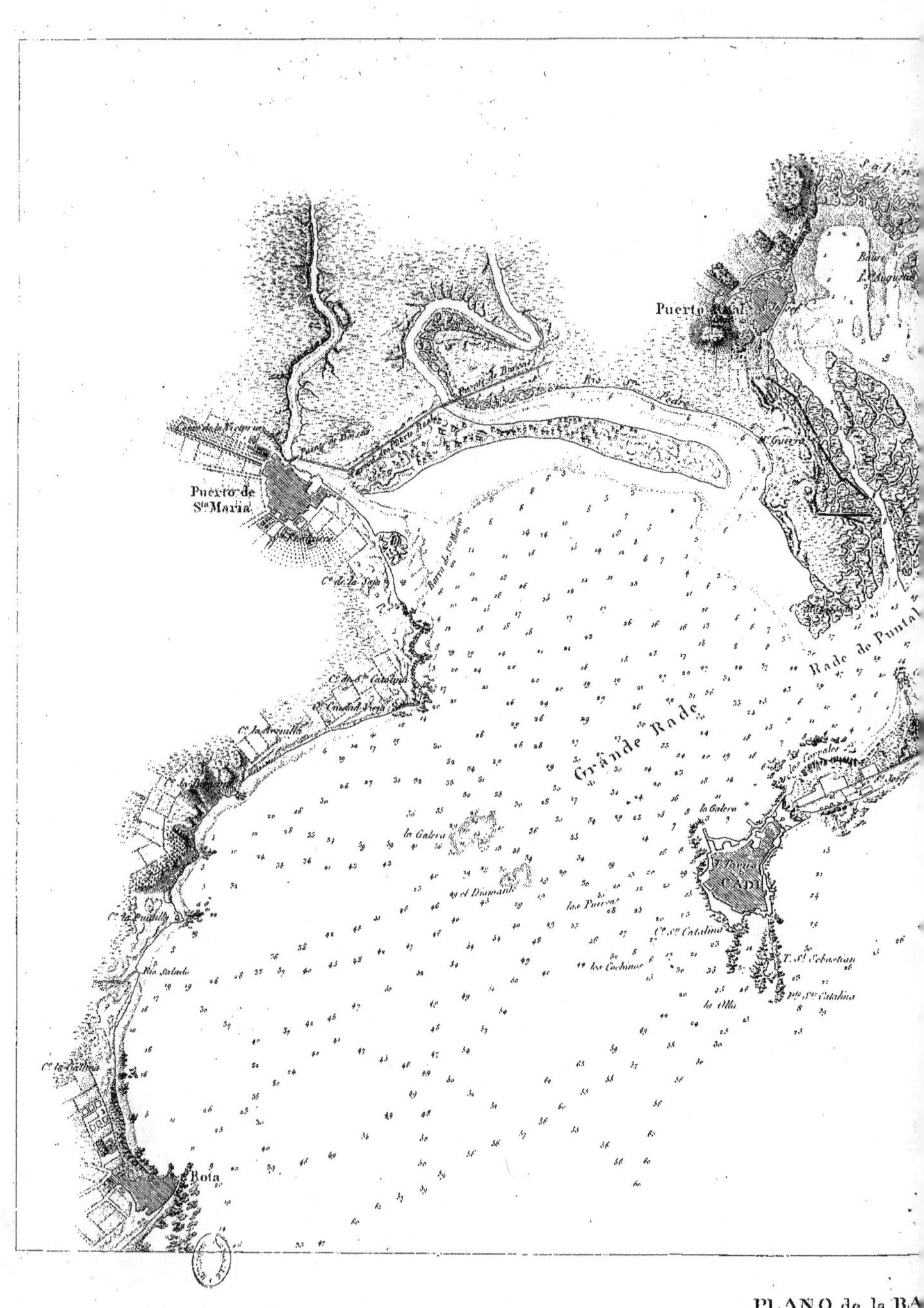

Puerto Real
Puerto de Sta Maria
Grande Rade
Rade de Puntal
CADIX
Rota
PLANO de la BA...
PLAN de la BAIE de CADIX.

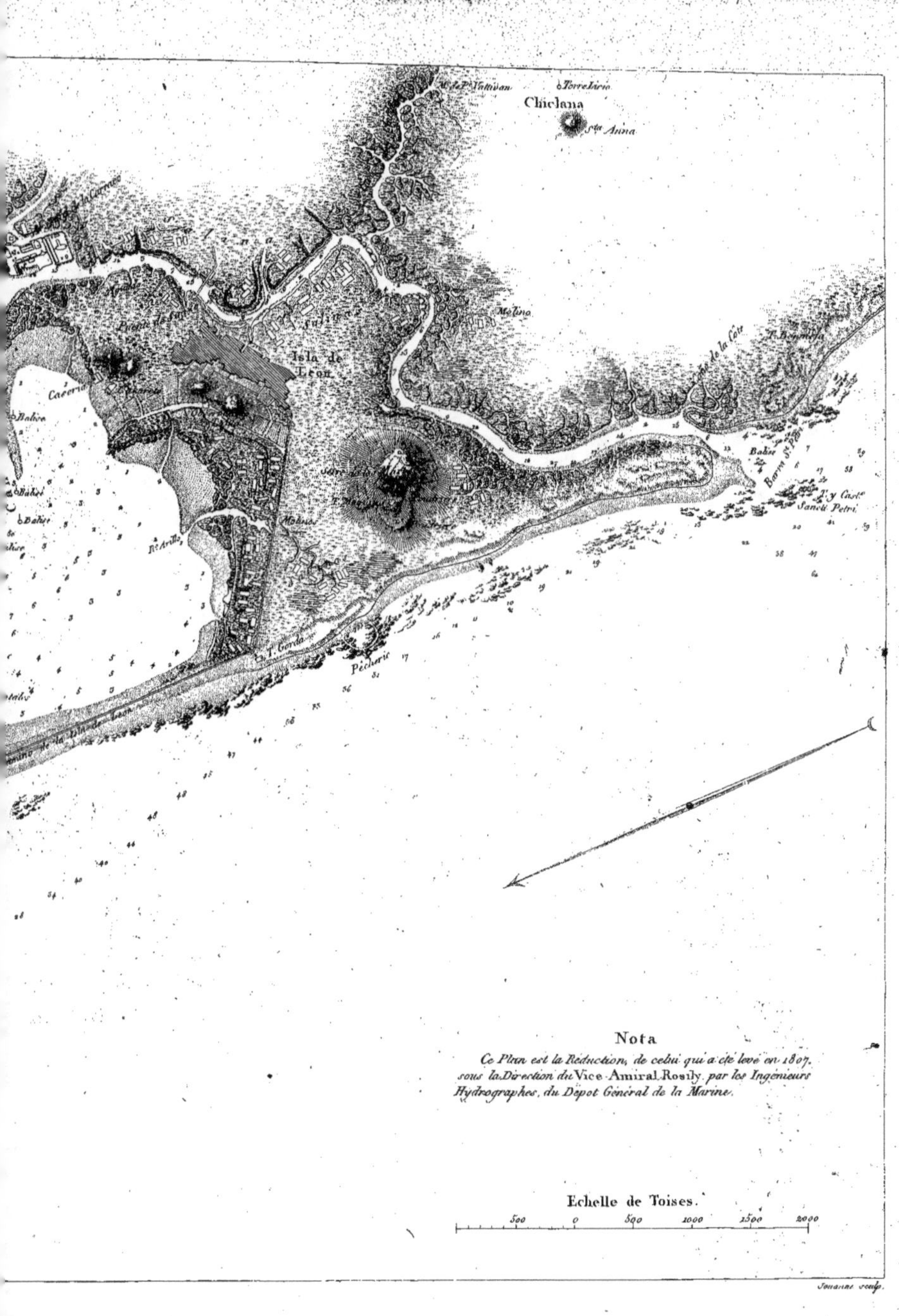

M. de P. Vattivan
Torre Lieia
Chiclana
Sta Anna
Molino
R. de la Caix
R. Rogunilla
Isla de Leon
Caeru
Balise
Balise
Balise
R. Arillo
Molino
Barros St Pedro
Balise
Fy Castle
Sancti Petri
T. Gorda
Pécherie
Nota
Ce Plan est la Réduction, de celui qui a été levé en 1807,
sous la Direction du Vice-Amiral Rosily, par les Ingénieurs
Hydrographes, du Dépot Général de la Marine.
Echelle de Toises.
500   0   500   1000   1500   2000
Jouanne sculp.
de CADIZ.
A PLAN of the BAY of CADIX.

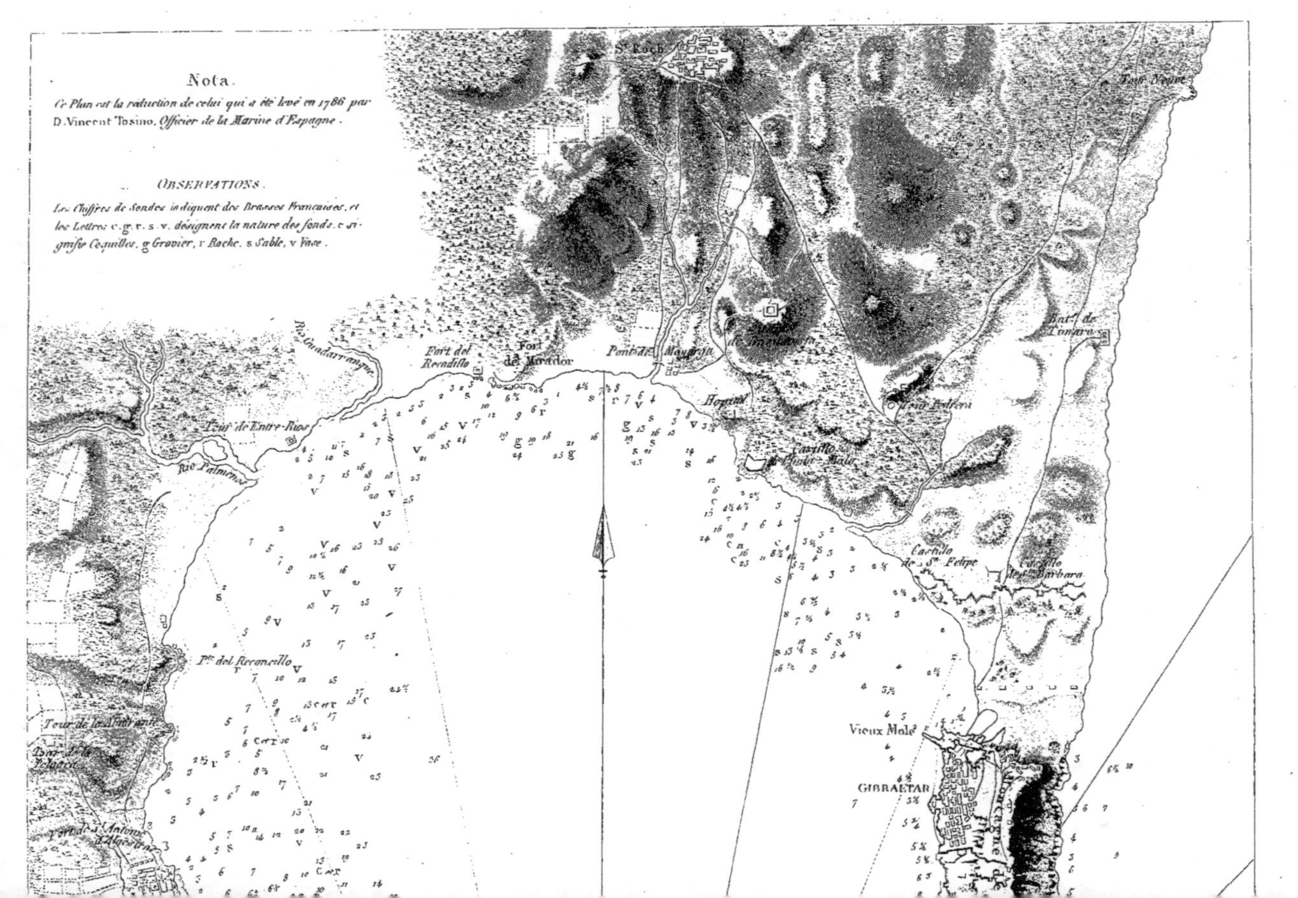

Nota.
Ce Plan est la reduction de celui qui a été levé en 1786 par
D. Vincent Tosino, Officier de la Marine d'Espagne.

OBSERVATIONS.
Les Chiffres de Sondes indiquent des Brasses Françaises, et
les Lettres c. g. r. s. v. désignent la nature des fonds. c. si-
gnifie Coquilles, g Gravier, r Roche, s Sable, v Vase.

St Roch
Tour Noire
Bat.ie de Tunara
Fort del Recondillo
Fort del Mirador
Ponta de Mayorga
Rio Guadarranque
Tour de Entre-Rios
Rio Palmones
Pta del Recondillo
Tour de la Andrana
Fort de St Antoine d'Algésiras
Castillo de Ste Barbara
Castillo de St Felipe
Vieux Molé
GIBRALTAR

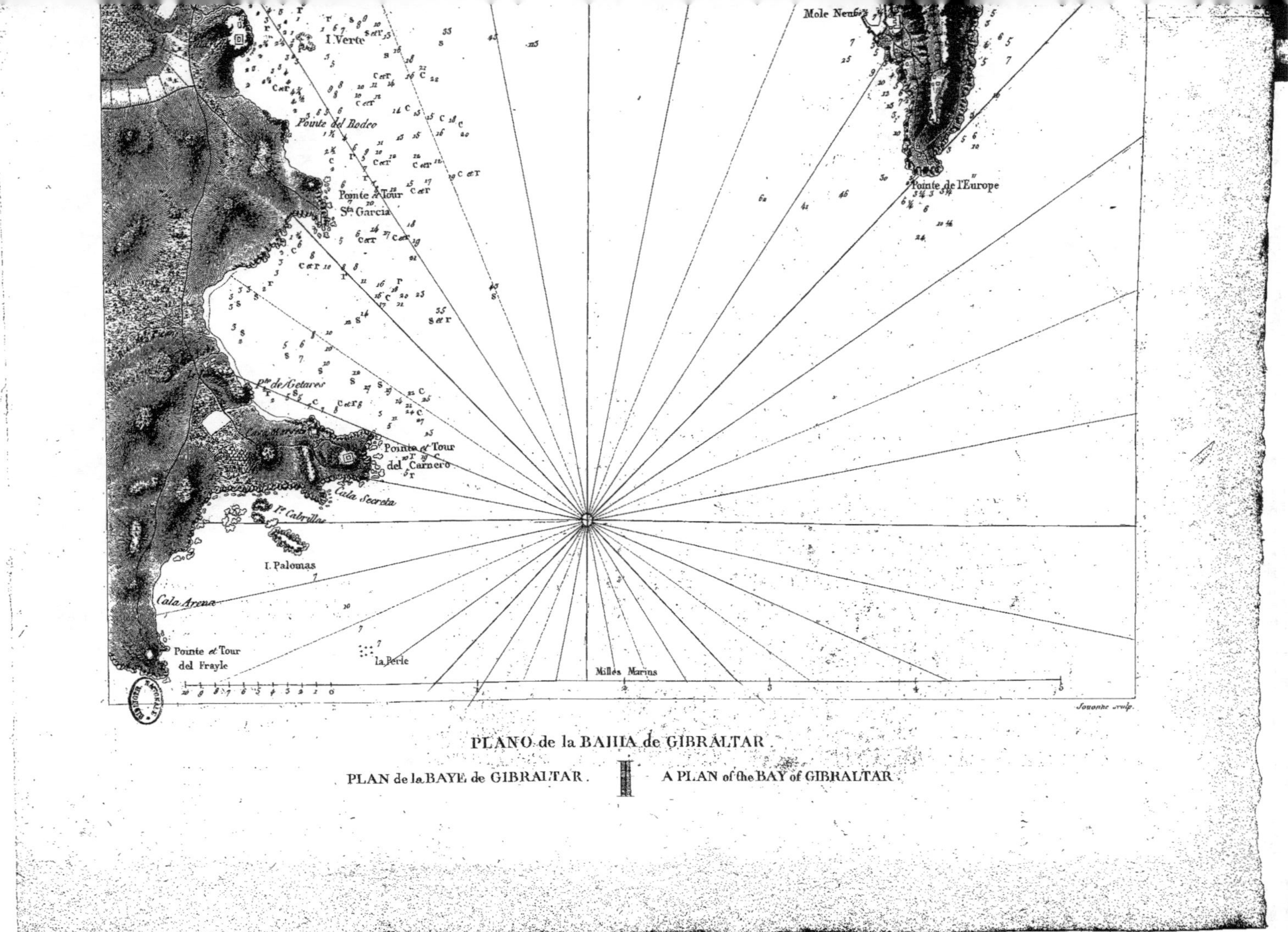

PLANO de la BAHIA de GIBRALTAR.

PLAN de la BAYE de GIBRALTAR.   A PLAN of the BAY of GIBRALTAR.